Az ízek birodalma

Házi kínai konyha varázsa

Liao Jing

Tartalomjegyzék

Bevezetés ... 10
   pácolt abalone ... 11
   főtt bambuszrügy ... 12
   Csirke uborkával ... 13
   szezámmagos csirke ... 14
   Licsi gyömbérrel ... 15
   Piros főtt csirkeszárny ... 16
   rákhús uborkával ... 17
   pácolt gomba ... 18
   Pácolt fokhagymás gomba ... 19
   Garnélarák és karfiol ... 20
   Szezámmagos sonkarudak ... 21
   hideg tofu ... 22
   Csirke szalonnával ... 23
   Csirke és banán krumpli ... 24
   Csirke gyömbérrel és gombával ... 25
   csirke és sonka ... 27
   Grillezett csirkemáj ... 28
   Rákgolyó vízi gesztenyével ... 29
   Dim Sum ... 30
   Sonka és csirke tekercs ... 31
   Sült sonka forgatás ... 32
   pszeudo füstölt hal ... 33
   Töltött gomba ... 35
   Gomba osztriga szósszal ... 36
   Sertés és saláta tekercs ... 37
   Sertés és gesztenye húsgombóc ... 39
   sertésgombóc ... 40
   Sertés- és marhahússült ... 42
   Pillangó garnélarák ... 43
   Kínai garnélarák ... 44
   Garnélarák keksz ... 45

ropogós garnélarák ... 46
Garnélarák gyömbérszósszal ... 47
Garnélarák és tészta tekercs ... 48
garnéla pirítós ... 50
Sertés és rák wonton édes-savanyú mártással ... 51
Csirkehúsleves ... 53
Sertés- és babcsíraleves ... 54
Abalone és gombaleves ... 55
Csirke és spárga leves ... 57
Marhahús leves ... 58
Kínai marha- és levélleves ... 59
Káposztaleves ... 60
Fűszeres marhahúsleves ... 61
mennyei leves ... 63
Csirke és bambuszrügy leves ... 64
Csirke és kukorica leves ... 65
Csirke gyömbérleves ... 66
Kínai gombás csirkehúsleves ... 67
Csirkeleves és rizs ... 68
Csirke- és kókuszleves ... 69
Kagylóleves ... 70
Tojásleves ... 71
Rák- és kagylóleves ... 72
rákleves ... 74
Halászlé ... 75
Hal- és salátaleves ... 76
Gyömbérleves galuskával ... 78
forró és savanyú leves ... 79
Gomba leves ... 80
Gomba- és káposztaleves ... 81
Tojásleves gombával ... 82
Gombás és vizes gesztenyeleves ... 83
Sertés- és gombaleves ... 84
Sertés és vízitorma leves ... 85
sertés- és uborkaleves ... 86
Leves sertésgolyóval és tésztával ... 87

Spenót és tofu leves ... 88
Csemegekukorica és rák leves ... 89
szecsuáni leves ... 90
tofu leves ... 92
Tofu és halászlé ... 93
Paradicsomleves ... 94
Paradicsom-spenótleves ... 95
fehérrépa leves ... 96
Zöldségleves ... 97
vegetáriánus leves ... 98
zsázsaleves ... 99
Sült hal zöldségekkel ... 100
Sült egész hal ... 102
párolt szójahal ... 104
Szójahal osztrigaszósszal ... 105
gőz alatt ... 107
Párolt hal gombával ... 108
édes-savanyú hal ... 110
Sertés töltött hal ... 112
párolt fűszeres ponty ... 114
pácolt abalone ... 116
főtt bambuszrügy ... 117
Csirke uborkával ... 118
szezámmagos csirke ... 119
Licsi gyömbérrel ... 120
Piros főtt csirkeszárny ... 121
rákhús uborkával ... 122
pácolt gomba ... 123
Pácolt fokhagymás gomba ... 124
Garnélarák és karfiol ... 125
Szezámmagos sonkarudak ... 126
hideg tofu ... 127
Csirke szalonnával ... 128
Csirke és banán krumpli ... 129
Csirke gyömbérrel és gombával ... 130
csirke és sonka ... 132

Grillezett csirkemáj ... 133
Rákgolyó vízi gesztenyével ... 134
Dim Sum ... 135
Sonka és csirke tekercs ... 136
Sült sonka forgatás ... 138
pszeudo füstölt hal ... 139
Töltött gomba ... 141
Gomba osztriga szósszal ... 142
Sertés és saláta tekercs ... 143
Sertés és gesztenye húsgombóc ... 145
sertésgombóc ... 146
Sertés- és marhahússült ... 147
Pillangó garnélarák ... 148
Kínai garnélarák ... 149
Garnélarák keksz ... 150
ropogós garnélarák ... 151
Garnélarák gyömbérszósszal ... 152
Garnélarák és tészta tekercs ... 153
garnéla pirítós ... 155
Sertés és rák wonton édes-savanyú mártással ... 156
Csirkehúsleves ... 158
Sertés- és babcsíraleves ... 159
Abalone és gombaleves ... 160
Csirke és spárga leves ... 162
Marhahús leves ... 163
Kínai marha- és levélleves ... 164
Káposztaleves ... 165
Fűszeres marhahúsleves ... 166
mennyei leves ... 168
Csirke és bambuszrügy leves ... 169
Csirke és kukorica leves ... 170
Csirke gyömbérleves ... 171
Kínai gombás csirkehúsleves ... 172
Csirkeleves és rizs ... 173
Csirke- és kókuszleves ... 174
Kagylóleves ... 175

Tojásleves ... 176
Rák- és kagylóleves ... 177
rákleves ... 179
Halászlé ... 180
Hal- és salátaleves ... 181
Gyömbérleves galuskával ... 183
forró és savanyú leves ... 184
Gomba leves ... 185
Gomba- és káposztaleves ... 186
Tojásleves gombával ... 187
Gombás és vizes gesztenyeleves ... 188
Sertés- és gombaleves ... 189
Sertés és vízitorma leves ... 190
sertés- és uborkaleves ... 191
Leves sertésgolyóval és tésztával ... 192
Spenót és tofu leves ... 193
Csemegekukorica és rák leves ... 194
szecsuáni leves ... 195
tofu leves ... 197
Tofu és halászlé ... 198
Paradicsomleves ... 199
Paradicsom-spenótleves ... 200
fehérrépa leves ... 201
Zöldségleves ... 202
vegetáriánus leves ... 203
zsázsaleves ... 204
Sült hal zöldségekkel ... 205
Sült egész hal ... 207
párolt szójahal ... 208
Szójahal osztrigaszósszal ... 210
gőz alatt ... 212
Párolt hal gombával ... 213
édes-savanyú hal ... 215
Sertés töltött hal ... 217
párolt fűszeres ponty ... 219

Bevezetés

Mindenki, aki szeret főzni, szeret új ételekkel és új ízérzésekkel kísérletezni. A kínai konyha rendkívül népszerűvé vált az elmúlt években, mert különféle ízeket kínál. A legtöbb ételt a tűzhelyen készítik el, és sokuk gyorsan elkészíthető és elkészíthető, így ideálisak azok az elfoglalt szakácsok számára, akik ínycsiklandó és tetszetős ételeket szeretnének készíteni, amikor kevés a szabadidő. Ha nagyon szereted a kínai konyhát, valószínűleg már van wokod, és ez a tökéletes eszköz a könyvben szereplő ételek többségének elkészítéséhez. Ha még mindig nem vagy meggyőződve arról, hogy ez a főzési stílus az Ön számára való, használjon egy jó serpenyőt vagy serpenyőt a receptek teszteléséhez. Ha rájön, milyen könnyen elkészíthető és milyen ízletesen fogyasztható, érdemes beruházni egy wokba a konyhájában.

pácolt abalone

4 fő részére

450 g / 1 font konzerv abalone

45 ml / 3 evőkanál szójaszósz

30 ml / 2 evőkanál borecet

5 ml / 1 teáskanál cukor

néhány csepp szezámolaj

Az abalont lecsepegtetjük, és vékony szeletekre vagy csíkokra vágjuk. A többi hozzávalót összekeverjük, ráöntjük az abalone-ra és jól összekeverjük. Lefedve 1 órára hűtőbe tesszük.

főtt bambuszrügy

4 fő részére

60 ml / 4 evőkanál mogyoróolaj

225g bambuszrügy, csíkokra vágva

60 ml / 4 evőkanál csirkehúsleves

15 ml / 1 evőkanál szójaszósz

5 ml / 1 teáskanál cukor

5 ml / 1 teáskanál rizsbor vagy száraz sherry

Az olajat felforrósítjuk és a bambuszrügyeket 3 percig sütjük. Keverje össze a húslevest, a szójaszószt, a cukrot és a bort vagy a sherryt, és öntse a serpenyőbe. Fedjük le, és lassú tűzön főzzük 20 percig. Tálalás előtt hagyjuk kihűlni és lehűlni.

Csirke uborkával

4 fő részére

1 uborka meghámozva és kimagozva
225 g főtt csirke, csíkokra vágva
5 ml / 1 teáskanál mustárpor
2,5 ml / ¬Ω teáskanál só
30 ml / 2 evőkanál borecet

Az uborkát csíkokra vágjuk, és egy lapos tányérra tesszük. Helyezze a csirkét a tetejére. Keverjük össze a mustárt, a sót és a borecetet, és közvetlenül tálalás előtt öntsük a csirkére.

szezámmagos csirke

4 fő részére

350 g / 12 uncia főtt csirke

120 ml / 4 fl oz / ¬Ω csésze víz

5 ml / 1 teáskanál mustárpor

15 ml / 1 evőkanál szezámmag

2,5 ml / ¬Ω teáskanál só

egy csipet cukrot

45 ml / 3 evőkanál apróra vágott friss koriander

5 mogyoróhagyma (mogyoróhagyma), apróra vágva

¬Ω salátafejek, aprítva

A csirkét vékony csíkokra vágjuk. A mustárral annyi vizet keverünk, hogy sima masszát kapjunk, és a csirkehúshoz keverjük. A szezámmagot száraz serpenyőben enyhén aranybarnára pirítjuk, majd hozzáadjuk a csirkehúshoz, és megszórjuk sóval és cukorral. Adjuk hozzá a petrezselyem és a metélőhagyma felét, és jól keverjük össze. A salátát tálaló tányérra tesszük, rátesszük a csirkemeveréket, és a maradék petrezselyemmel díszítjük.

Licsi gyömbérrel

4 fő részére

1 nagy görögdinnye félbevágva és kimagozva
1 font / 450 g konzerv licsi, lecsepegtetve
5 cm-es gyömbér szár, szeletelve
néhány mentalevél

Töltsük meg a dinnye felét licsivel és gyömbérrel, díszítsük mentalevéllel. Tálalás előtt hűtsük le.

Piros főtt csirkeszárny

4 fő részére

8 csirkeszárny

2 mogyoróhagyma (mogyoróhagyma), apróra vágva

75 ml / 5 evőkanál szójaszósz

120 ml / 4 fl oz / ¬Ω csésze víz

30 ml / 2 evőkanál barna cukor

Vágja le és dobja ki a csirkeszárnyak csontos végét, és vágja ketté. A többi hozzávalóval együtt edénybe tesszük, felforraljuk, lefedjük, és lassú tűzön 30 percig főzzük. Vegyük le a fedőt, és főzzük tovább további 15 percig, gyakran fürkészve. Tálalás előtt hagyjuk kihűlni, majd hűtsük le.

rákhús uborkával

4 fő részére

4 oz / 100 g rákhús, pelyhesítve
2 uborka meghámozva és lereszelve
1 szelet gyömbérgyökér, apróra vágva
15 ml / 1 evőkanál szójaszósz
30 ml / 2 evőkanál borecet
5 ml / 1 teáskanál cukor
néhány csepp szezámolaj

Helyezze a rákhúst és az uborkát egy tálba. Keverjük össze a többi hozzávalót, öntsük a rákhúsos keverékre és jól keverjük össze. Tálalás előtt letakarjuk és 30 percre hűtőbe tesszük.

pácolt gomba

4 fő részére

225 g / 8 uncia gomba

30 ml / 2 evőkanál szójaszósz

15 ml / 1 evőkanál rizsbor vagy száraz sherry

csipet só

néhány csepp tabasco szósz

néhány csepp szezámolaj

A gombát forrásban lévő vízben 2 percig blansírozzuk, majd leszűrjük és szárítjuk. Tedd egy tálba, és öntsd rá a többi hozzávalót. Jól keverjük össze, és tálalás előtt hűtsük le.

Pácolt fokhagymás gomba

4 fő részére

225 g / 8 uncia gomba
3 gerezd fokhagyma, összetörve
30 ml / 2 evőkanál szójaszósz
30 ml / 2 evőkanál rizsbor vagy száraz sherry
15 ml / 1 evőkanál szezámolaj
csipet só

Tedd a gombát és a fokhagymát egy szűrőedénybe, öntsd fel forrásban lévő vízzel és hagyd állni 3 percig. Lecsepegtetjük és alaposan szárítjuk. A többi hozzávalót összekeverjük, a páclével ráöntjük a gombát, és 1 órát pácoljuk.

Garnélarák és karfiol

4 fő részére

225g / 8oz karfiol virágok
100 g / 4 uncia hámozott garnélarák
15 ml / 1 evőkanál szójaszósz
5 ml / 1 teáskanál szezámolaj

Részben forraljuk a karfiolt körülbelül 5 percig, amíg puha, de még ropogós nem lesz. Összekeverjük a garnélával, meglocsoljuk szójaszósszal és szezámolajjal, összekeverjük. Tálalás előtt hűtsük le.

Szezámmagos sonkarudak

4 fő részére

225 g / 8 uncia sonka, csíkokra vágva
10 ml / 2 teáskanál szójaszósz
2,5 ml / ¬Ω tk szezámolaj

A sonkát tálaló tányérra rendezzük. Keverjük össze a szójaszószt és a szezámolajat, szórjuk rá a sonkát és tálaljuk.

hideg tofu

4 fő részére

1 font / 450 g tofu, szeletelve
45 ml / 3 evőkanál szójaszósz
45 ml / 3 evőkanál mogyoróolaj (földimogyoró)
frissen őrölt bors

Egyszerre néhány szelet tofut szűrőedénybe tesszük, forrásban lévő vízbe mártjuk 40 másodpercre, majd lecsepegtetjük és egy tálra tesszük. Hagyjuk kihűlni. A szójaszószt és az olajat összekeverjük, a tofura szórjuk, és borssal megszórva tálaljuk.

Csirke szalonnával

4 fő részére

225 g / 8 uncia csirke, nagyon vékonyra szeletelve
75 ml / 5 evőkanál szójaszósz
15 ml / 1 evőkanál rizsbor vagy száraz sherry
1 gerezd zúzott fokhagyma
15 ml / 1 evőkanál barna cukor
5 ml / 1 teáskanál só
5 ml / 1 tk darált gyömbér gyökér
8 oz / 225 g sovány szalonna, kockára vágva
100 g vízgesztenye, nagyon vékonyra szeletelve
30 ml / 2 evőkanál méz

Helyezze a csirkét egy tálba. Keverjünk össze 45 ml / 3 evőkanál szójaszószt a borral vagy sherryvel, fokhagymával, cukorral, sóval és gyömbérrel, öntsük a csirkére és pácoljuk kb. 3 órán át. A csirkét, a szalonnát és a gesztenyét a kebab nyársra fűzzük. A szójaszósz többi részét összekeverjük a mézzel, és a kebabokra kenjük. Grill (süti) forró grill alatt körülbelül 10 percig, amíg meg nem fő, gyakran forgassa meg, és sütés közben kenje meg több mázzal.

Csirke és banán krumpli

4 fő részére

2 főtt csirkemell

2 kemény banán

6 szelet kenyér

4 tojás

120 ml / 4 fl oz / ¬Ω csésze tej

50 g / 2 uncia / ¬Ω csésze sima liszt (minden célra)

225 g / 8 uncia / 4 csésze friss zsemlemorzsa

sütőolaj

A csirkét 24 darabra vágjuk. Az útifűféléket meghámozzuk, és hosszában negyedekre vágjuk. Vágja minden negyedet harmadára, hogy 24 darabot kapjon. Vágja le a kenyér héját, és vágja negyedekre. A tojást és a tejet felverjük, és a kenyér egyik oldalát megkenjük. Helyezzen egy darab csirkét és egy darab banánt minden kenyérdarab tojással bevont oldalára. A négyzeteket vékonyan bekenjük liszttel, majd tojásba mártjuk és zsemlemorzsával megkenjük. Ismét mártsuk bele a tojásba és a zsemlemorzsába. Az olajat felforrósítjuk, és néhány négyzetben aranybarnára sütjük. Tálalás előtt konyhai papíron leszűrjük.

Csirke gyömbérrel és gombával

4 fő részére

225 g / 8 oz csirkemell filé

5 ml / 1 tk ötfűszer por

15 ml / 1 evőkanál sima liszt (minden célra)

120 ml / 4 fl oz / ¬Ω csésze mogyoróolaj

4 medvehagyma, félbevágva

1 gerezd fokhagyma, szeletelve

1 szelet gyömbérgyökér, apróra vágva

25 g / 1 uncia / ¬° csésze kesudió

5 ml / 1 teáskanál méz

15 ml / 1 evőkanál rizsliszt

75 ml / 5 evőkanál rizsbor vagy száraz sherry

100 g gomba negyedelve

2,5 ml / ¬Ω teáskanál kurkuma

6 sárga chili félbevágva

5 ml / 1 teáskanál szójaszósz

¬Ω limelé

só, bors

4 ropogós salátalevél

A csirkemellet a szemeken átlósan vékony csíkokra vágjuk.
Megszórjuk ötfűszeres porral, és vékonyan bekenjük liszttel.
Melegíts fel 15 ml / 1 evőkanál olajat, és süsd aranybarnára a
csirkét. Vegye ki a serpenyőből. Hevíts fel még egy kis olajat, és
pirítsd meg a medvehagymát, a fokhagymát, a gyömbért és a
kesudiót 1 percig. Adjunk hozzá mézet, és keverjük addig, amíg
a zöldségek be nem vonódnak. Megszórjuk liszttel, majd
hozzáadjuk a bort vagy a sherryt. Adjuk hozzá a gombát, a
kurkumát és a chilit, és főzzük 1 percig. Adjuk hozzá a csirkét, a
szójaszószt, a lime fele levét, sózzuk, borsozzuk, majd
melegítsük át. Vegye ki a serpenyőből és tartsa melegen. Kevés
olajat még hevítünk, hozzáadjuk a salátaleveleket, és gyorsan
megpirítjuk, sózzuk, borsozzuk és a maradék lime levével
ízesítjük.

csirke és sonka

4 fő részére

225 g / 8 uncia csirke, nagyon vékonyra szeletelve
75 ml / 5 evőkanál szójaszósz
15 ml / 1 evőkanál rizsbor vagy száraz sherry
15 ml / 1 evőkanál barna cukor
5 ml / 1 tk darált gyömbér gyökér
1 gerezd zúzott fokhagyma
225g főtt sonka, kockára vágva
30 ml / 2 evőkanál méz

Helyezze a csirkét egy tálba 45 ml / 3 evőkanál szójaszósszal, borral vagy sherryvel, cukorral, gyömbérrel és fokhagymával. Hagyjuk 3 órán át macerálni. Fűzzük a csirkét és a sonkát a kebab nyársra. A szójaszósz többi részét összekeverjük a mézzel, és a kebabokra kenjük. Grill (süti) forró grill alatt körülbelül 10 percig, gyakran forgassa meg, és sütés közben kenje meg a mázzal.

Grillezett csirkemáj

4 fő részére

450 g / 1 font csirkemáj
45 ml / 3 evőkanál szójaszósz
15 ml / 1 evőkanál rizsbor vagy száraz sherry
15 ml / 1 evőkanál barna cukor
5 ml / 1 teáskanál só
5 ml / 1 tk darált gyömbér gyökér
1 gerezd zúzott fokhagyma

A csirkemájat forrásban lévő vízben 2 percig főzzük, majd jól leszűrjük. Tegye egy tálba az összes többi hozzávalóval, kivéve az olajat, és pácolja körülbelül 3 órán keresztül. A csirkemájat kebabnyársra fűzzük, és forró grill alatt körülbelül 8 perc alatt aranybarnára grillezzük (sütjük).

Rákgolyó vízi gesztenyével

4 fő részére

1 font / 450 g rákhús, darálva

100 g / 4 oz vízgesztenye, apróra vágva

1 gerezd zúzott fokhagyma

1 cm/¬Ω szeletelt gyömbérgyökér, darálva

45 ml / 3 evőkanál kukoricaliszt (kukoricakeményítő)

30 ml / 2 evőkanál szójaszósz

15 ml / 1 evőkanál rizsbor vagy száraz sherry

5 ml / 1 teáskanál só

5 ml / 1 teáskanál cukor

3 felvert tojás

sütőolaj

Az olaj kivételével az összes hozzávalót összekeverjük és golyókat formálunk. Az olajat felforrósítjuk, és aranybarnára sütjük a rákgolyókat. Tálalás előtt jól lecsepegtetjük.

Dim Sum

4 fő részére

100 g hámozott garnélarák, apróra vágva

225 g / 8 uncia sovány sertéshús, finomra vágva

50g / 2oz bok choy, finomra vágva

3 mogyoróhagyma (mogyoróhagyma), apróra vágva

1 felvert tojás

30 ml / 2 evőkanál kukoricaliszt (kukoricakeményítő)

10 ml / 2 teáskanál szójaszósz

5 ml / 1 teáskanál szezámolaj

5 ml / 1 teáskanál osztrigaszósz

24 wonton skin

sütőolaj

Keverjük össze a garnélát, a sertéshúst, a káposztát és az újhagymát. Keverje össze a tojást, a kukoricalisztet, a szójaszószt, a szezámolajat és az osztrigaszószt. Kenje a keveréket minden egyes wonton bőr közepére. Óvatosan nyomkodjuk a töltelék köré a csomagolást, úgy, hogy a széleket összeillesztjük, de a tetejét nyitva hagyjuk. Az olajat felforrósítjuk, és a dim summákat néhányszor aranybarnára sütjük. Jól leszűrjük és forrón tálaljuk.

Sonka és csirke tekercs

4 fő részére

2 csirkemell

1 gerezd zúzott fokhagyma

2,5 ml / ¬Ω teáskanál só

2,5 ml / ¬Ω tk ötfűszeres por

4 szelet főtt sonka

1 felvert tojás

30 ml / 2 evőkanál tej

25 g / 1 uncia / ¬° csésze sima liszt (minden célra)

4 tojástekercs héja

sütőolaj

A csirkemelleket félbevágjuk. Verje őket addig, amíg nagyon finomak nem lesznek. Keverje össze a fokhagymát, a sót és az ötfűszerport, és szórja rá a csirkét. Minden csirkedarab tetejére tegyünk egy-egy szelet sonkát, és szorosan tekerjük fel. Keverjük össze a tojást és a tejet. A csirkedarabokat vékonyan bekenjük liszttel, majd a tojásos keverékbe mártjuk. Mindegyik darabot egy tojástekercs bőrére helyezzük, és a széleit megkenjük felvert tojással. Hajtsa be az oldalát, majd tekerje össze, a széleit csippentse össze a lezáráshoz. Az olajat felforrósítjuk, és a zsemléket körülbelül 5 perc alatt aranybarnára és jól megsütjük.

Konyhai papíron leszűrjük, majd vastag átlós szeletekre vágva tálaljuk.

Sült sonka forgatás

4 fő részére

350 g sima liszt (minden célra)

175 g / 6 uncia / ¬œ csésze vaj

120 ml / 4 fl oz / ¬Ω csésze víz

225 g / 8 uncia apróra vágott sonka

100 g / 4 uncia bambuszrügy, apróra vágva

2 mogyoróhagyma (mogyoróhagyma), apróra vágva

15 ml / 1 evőkanál szójaszósz

30 ml / 2 evőkanál szezámmag

A lisztet egy tálba tesszük, és belemorzsoljuk a vajat. Keverjük össze a vízzel, hogy tésztát kapjunk. A tésztát kinyújtjuk és 5 cm-es körökre vágjuk. A többi hozzávalót a szezámmag kivételével összekeverjük és mindegyik körre tegyünk egy evőkanálnyit. A tészta széleit megkenjük vízzel és lezárjuk. A külsejét megkenjük vízzel, és megszórjuk szezámmaggal. Előmelegített sütőben 180 C / 350 F / gázjelzés 4 30 percig sütjük.

pszeudo füstölt hal

4 fő részére

1 tengeri sügér

3 szelet gyömbérgyökér, szeletelve

1 gerezd zúzott fokhagyma

1 újhagyma (hagyma), vastagon szeletelve

75 ml / 5 evőkanál szójaszósz

30 ml / 2 evőkanál rizsbor vagy száraz sherry

2,5 ml / ¬Ω teáskanál őrölt ánizs

2,5 ml / ¬Ω tk szezámolaj

10 ml / 2 teáskanál cukor

120 ml / 4 fl oz / ¬Ω csésze húsleves

sütőolaj

5 ml / 1 teáskanál kukoricaliszt (kukoricakeményítő)

Vágja le a halat, és szeletelje fel 5 mm-es szeletekre a szemhez képest. Keverje össze a gyömbért, fokhagymát, újhagymát, 60 ml / 4 evőkanál szójaszószt, sherryt, ánizs- és szezámolajat.

Ráöntjük a halra, és óvatosan összekeverjük. 2 órát állni hagyjuk, időnként megforgatjuk.

Egy serpenyőben csepegtessük le a pácot, és konyhapapíron szárítsuk meg a halat. Adjuk hozzá a cukrot, a húslevest és a maradék szójaszószt a páchoz, forraljuk fel, és pároljuk 1 percig. Ha sűríteni kell a szószt, a kukoricakeményítőt kevés hideg vízzel elkeverjük, a szószhoz keverjük, és kevergetve addig pároljuk, amíg a szósz besűrűsödik.

Közben felforrósítjuk az olajat, és aranybarnára sütjük a halat. Jól lecsepegtetjük. A haldarabokat mártsuk a pácba, majd forró tálalólapra rendezzük. Melegen vagy hidegen tálaljuk.

Töltött gomba

4 fő részére

12 nagy kalap szárított gomba
225 g / 8 uncia rákhús
3 vízi gesztenye apróra vágva
2 mogyoróhagyma (mogyoróhagyma), apróra vágva
1 tojás fehérje
15 ml / 1 evőkanál kukoricaliszt (kukoricakeményítő)
15 ml / 1 evőkanál szójaszósz
15 ml / 1 evőkanál rizsbor vagy száraz sherry

Áztassuk be a gombát egy éjszakára langyos vízbe. Nyomd szárazra. Keverjük össze a többi hozzávalót, és töltsük meg a gomba kalapokkal. Tegye rácsra, és párolja 40 percig. Forrón tálaljuk.

Gomba osztriga szósszal

4 fő részére

10 szárított kínai gomba

250 ml / 8 fl oz / 1 csésze marhahúsleves

15 ml / 1 evőkanál kukoricaliszt (kukoricakeményítő)

30 ml / 2 evőkanál osztrigaszósz

5 ml / 1 teáskanál rizsbor vagy száraz sherry

Áztassa a gombát meleg vízben 30 percig, majd csepegtesse le, és tartson fenn 250 ml / 8 fl uncia / 1 csésze áztatófolyadékot. Dobja el a szárakat. Keverjen össze 60 ml / 4 evőkanál marhahúslevest a kukoricaliszttel, amíg pasztát nem kap. A maradék marhahúslevest a gombával és a gombafolyadékkal felforraljuk, lefedve 20 percig pároljuk. Vágjuk ki a gombát a folyadékból egy szűrőkanállal, és tegyük meleg tálra. Adjuk hozzá az osztrigaszószt és a sherryt a serpenyőbe, és keverés mellett pároljuk 2 percig. Hozzáadjuk a kukoricadara tésztát, és lassú tűzön kevergetve addig főzzük, amíg a szósz besűrűsödik. Ráöntjük a gombára, és egyben tálaljuk.

Sertés és saláta tekercs

4 fő részére

4 szárított kínai gomba

15 ml / 1 evőkanál mogyoróolaj

225 g / 8 uncia sovány sertéshús, darált

100 g / 4 uncia bambuszrügy, apróra vágva

100 g / 4 oz vízgesztenye, apróra vágva

4 mogyoróhagyma (mogyoróhagyma), apróra vágva

175 g rákhús, pelyhesítve

30 ml / 2 evőkanál rizsbor vagy száraz sherry

15 ml / 1 evőkanál szójaszósz

10 ml / 2 teáskanál osztrigaszósz

10 ml / 2 teáskanál szezámolaj

9 kínai levél

A gombát 30 percre langyos vízbe áztatjuk, majd leszűrjük. Dobja el a szárakat, és vágja le a tetejét. Az olajat felforrósítjuk és a sertéshúst 5 percig sütjük. Hozzáadjuk a gombát, a bambuszrügyet, a vizes gesztenyét, az újhagymát és a rákhúst, és 2 percig pirítjuk. Keverje össze a bort vagy a sherryt, a szójaszószt, az osztrigaszószt és a szezámolajat, és keverje össze a serpenyőben. Levesszük a tűzről. Közben a porcelánleveleket forrásban lévő vízben 1 percig blansírozzuk, majd leszűrjük. Csepegtess egy kanál sertéshús keveréket minden lap közepére, hajtsd be az oldalát, majd tekerd fel a tálaláshoz.

Sertés és gesztenye húsgombóc

4 fő részére

450 g / 1 font darált sertéshús (őrölt)

50 g gomba finomra vágva

50g / 2oz vízgesztenye, finomra vágva

1 gerezd zúzott fokhagyma

1 felvert tojás

30 ml / 2 evőkanál szójaszósz

15 ml / 1 evőkanál rizsbor vagy száraz sherry

5 ml / 1 tk darált gyömbér gyökér

5 ml / 1 teáskanál cukor

só

30 ml / 2 evőkanál kukoricaliszt (kukoricakeményítő)

sütőolaj

A kukoricadara kivételével az összes hozzávalót összekeverjük és a masszából golyókat formázunk. Forgassuk meg kukoricalisztben. Az olajat felforrósítjuk, és a húsgombócokat körülbelül 10 perc alatt aranybarnára sütjük. Tálalás előtt jól lecsepegtetjük.

sertésgombóc

4 fő részére

450 g / 1 font sima liszt (minden célra)

500 ml / 17 fl oz / 2 csésze víz

450 g / 1 lb főtt sertéshús, darált

225 g hámozott garnélarák, apróra vágva

4 szár zeller apróra vágva

15 ml / 1 evőkanál szójaszósz

15 ml / 1 evőkanál rizsbor vagy száraz sherry

15 ml / 1 evőkanál szezámolaj

5 ml / 1 teáskanál só

2 mogyoróhagyma (mogyoróhagyma), apróra vágva

2 gerezd zúzott fokhagyma

1 szelet gyömbérgyökér, apróra vágva

A lisztet és a vizet sima tésztává keverjük és jól összegyúrjuk. Lefedjük és 10 percig pihentetjük. A tésztát a lehető legvékonyabbra nyújtjuk és 5 cm-es körökre vágjuk. A többi hozzávalót összekeverjük. Cseppentsünk egy kanál keveréket minden körbe, nedvesítsük meg a széleket, és zárjuk félkörbe. Forraljunk fel egy fazék vizet, majd óvatosan tegyük a vízbe a húsgombócokat. Amikor a húsgombócok a felszínre emelkednek, adjunk hozzá 150 ml / ¬°pt / ¬æ csésze hideg vizet, majd forraljuk vissza a vizet. Amikor a húsgombócok újra megkelnek, megsülnek.

Sertés- és marhahússült

4 fő részére

100 g darált sertéshús (őrölt)

100 g darált marhahús (darált)

1 szelet csíkos bacon, apróra vágva (őrölve)

15 ml / 1 evőkanál szójaszósz

só, bors

1 felvert tojás

30 ml / 2 evőkanál kukoricaliszt (kukoricakeményítő)

sütőolaj

Keverjük össze a darált húsokat és a szalonnát, és ízesítsük sóval és borssal. Megkötjük a tojással, diónyi golyókat formázunk, és megszórjuk kukoricadarával. Az olajat felforrósítjuk és aranybarnára sütjük. Tálalás előtt jól lecsepegtetjük.

Pillangó garnélarák

4 fő részére

450 g / 1 font nagy hámozott garnélarák
15 ml / 1 evőkanál szójaszósz
5 ml / 1 teáskanál rizsbor vagy száraz sherry
5 ml / 1 tk darált gyömbér gyökér
2,5 ml / ¬Ω teáskanál só
2 felvert tojás
30 ml / 2 evőkanál kukoricaliszt (kukoricakeményítő)
15 ml / 1 evőkanál sima liszt (minden célra)
sütőolaj

A garnélarákokat a háta közepére vágjuk, és szétterítjük, hogy pillangót formáljunk. Keverje össze a szójaszószt, a bort vagy a sherryt, a gyömbért és a sót. Öntsük rá a garnélarákra, és hagyjuk 30 percig pácolódni. Vegyük ki a pácból és töröljük szárazra. A tojást a kukoricakeményítővel és a liszttel felverjük, hogy tésztát kapjunk, majd a garnélarákot belemártjuk a tésztába. Az olajat felforrósítjuk, és a garnélarákot aranybarnára sütjük. Tálalás előtt jól lecsepegtetjük.

Kínai garnélarák

4 fő részére

450 g / 1 font hámozatlan garnélarák
30 ml / 2 evőkanál Worcestershire szósz
15 ml / 1 evőkanál szójaszósz
15 ml / 1 evőkanál rizsbor vagy száraz sherry
15 ml / 1 evőkanál barna cukor

Helyezze a garnélarákokat egy tálba. A többi hozzávalót összekeverjük, ráöntjük a garnélarákra, és 30 percig pácoljuk. Sütőedénybe tesszük, és előmelegített sütőben 150°C/300°F/2-es gázjelzéssel 25 percig sütjük. Melegen vagy hidegen tálaljuk a kagylóban, hogy a vendégek héjastuljanak.

Garnélarák keksz

4 fő részére

100 g / 4 uncia garnélarák keksz

sütőolaj

Az olajat nagyon forróra melegítjük. Egyszerre adjunk hozzá egy marék garnélarák-kekszet, és pár másodpercig pirítsuk, amíg fel nem puffad. Kivesszük az olajból, és konyhai papíron lecsepegtetjük, közben tovább sütjük a sütiket.

ropogós garnélarák

4 fő részére

450 g / 1 font hámozott tigrisrák

15 ml / 1 evőkanál rizsbor vagy száraz sherry

10 ml / 2 teáskanál szójaszósz

5 ml / 1 tk ötfűszer por

só, bors

90 ml / 6 evőkanál kukoricaliszt (kukoricakeményítő)

2 felvert tojás

100 g / 4 uncia zsemlemorzsa

mogyoróolaj a sütéshez

A garnélarákot összekeverjük a borral vagy sherryvel, a szójaszósszal és az ötfűszeres porral, majd sózzuk, borsozzuk. Dobjuk őket a kukoricalisztbe, majd kenjük be felvert tojással és zsemlemorzsával. Forró olajban pár perc alatt enyhén aranybarnára sütjük, majd leszűrjük és azonnal tálaljuk.

Garnélarák gyömbérszósszal

4 fő részére

15 ml / 1 evőkanál szójaszósz

5 ml / 1 teáskanál rizsbor vagy száraz sherry

5 ml / 1 teáskanál szezámolaj

450 g / 1 font hámozott garnélarák

30 ml / 2 evőkanál apróra vágott friss petrezselyem

15 ml / 1 evőkanál borecet

5 ml / 1 tk darált gyömbér gyökér

Keverje össze a szójaszószt, a bort vagy a sherryt és a szezámolajat. Ráöntjük a garnélarákra, lefedjük és 30 percig pácoljuk. A garnélarákokat grillezzük néhány percig, amíg meg nem fő, majd megkenjük a páclével. Közben a garnélarákhoz keverjük össze a petrezselymet, a borecetet és a gyömbért.

Garnélarák és tészta tekercs

4 fő részére

50g / 2oz tojásos tészta, darabokra törve

15 ml / 1 evőkanál mogyoróolaj

50 g / 2 uncia sovány sertéshús, finomra vágva

100 g apróra vágott gomba

3 mogyoróhagyma (mogyoróhagyma), apróra vágva

100 g hámozott garnélarák, apróra vágva

15 ml / 1 evőkanál rizsbor vagy száraz sherry

só, bors

24 wonton skin

1 felvert tojás

sütőolaj

A tésztát forrásban lévő vízben 5 percig főzzük, majd leszűrjük és feldaraboljuk. Az olajat felforrósítjuk és a sertéshúst 4 percig sütjük. Hozzáadjuk a gombát és a hagymát, és 2 percig pirítjuk, majd levesszük a tűzről. Adjuk hozzá a garnélarákot, a bort vagy a sherryt és a tésztát, és ízlés szerint sózzuk és borsozzuk. Csepegtessünk a tésztából egy-egy darabot minden wonton bőr közepére, és a széleit kenjük meg felvert tojással. Hajtsa be a széleket, majd tekerje fel a csomagolópapírokat, és zárja össze a széleket. Az olajat felforrósítjuk, és a zsemléket egyenként körülbelül 5 perc alatt aranybarnára sütjük. Tálalás előtt konyhai papíron leszűrjük.

garnéla pirítós

4 fő részére

2 tojás 450 g / 1 font garnélarák, meghámozva, apróra vágva
15 ml / 1 evőkanál kukoricaliszt (kukoricakeményítő)
1 apróra vágott hagyma
30 ml / 2 evőkanál szójaszósz
15 ml / 1 evőkanál rizsbor vagy száraz sherry
5 ml / 1 teáskanál só
5 ml / 1 tk darált gyömbér gyökér
8 szelet kenyér, háromszögekre vágva
sütőolaj

Keverjünk össze 1 tojást a többi hozzávalóval, kivéve a kenyeret és az olajat. Kanalazzuk a keveréket a kenyérháromszögekre, és nyomkodjuk kupola formára. Megkenjük a maradék tojással. Kb. 5 cm olajat hevítünk, és a kenyérháromszögeket aranybarnára sütjük. Tálalás előtt jól lecsepegtetjük.

Sertés és rák wonton édes-savanyú mártással

4 fő részére

120 ml / 4 fl oz / ½ csésze víz

60 ml / 4 evőkanál borecet

60 ml / 4 evőkanál barna cukor

30 ml / 2 evőkanál paradicsompüré (tészta)

10 ml / 2 teáskanál kukoricaliszt (kukoricakeményítő)

25 g / 1 uncia gomba, apróra vágva

25 g / 1 uncia garnélarák, meghámozva és apróra vágva

50 g / 2 uncia sovány sertéshús, darált

2 mogyoróhagyma (mogyoróhagyma), apróra vágva

5 ml / 1 teáskanál szójaszósz

2,5 ml / ½ tk reszelt gyömbér gyökér

1 gerezd zúzott fokhagyma

24 wonton skin

sütőolaj

Keverje össze a vizet, a borecetet, a cukrot, a paradicsompürét és a kukoricadarát egy kis serpenyőben. Folyamatos kevergetés mellett felforraljuk, majd lassú tűzön 1 percig főzzük. Vegyük le a tűzről és tartsuk melegen.

Keverje össze a gombát, garnélát, sertéshúst, újhagymát, szójaszószt, gyömbért és fokhagymát. Csepegtessünk egy-egy kanál tölteléket mindegyik bőrbe, a széleit kenjük meg vízzel, és nyomkodjuk le. Az olajat felforrósítjuk, és a wontonokat egyenként aranybarnára sütjük. Konyhai papíron lecsepegtetjük, és forrón édes-savanyú mártással tálaljuk.

Csirkehúsleves

Kitermelés: 2 liter / 3½ pt / 8½ csésze

1,5 kg főtt vagy nyers csirkecsont

450 g / 1 font sertéscsontok

1 cm / ½ darab gyömbérgyökérben

3 újhagyma (hagyma), szeletelve

1 gerezd zúzott fokhagyma

5 ml / 1 teáskanál só

2,25 liter / 4 pont / 10 csésze víz

Forraljuk fel az összes hozzávalót, fedjük le, és pároljuk 15 percig. Vágja le a zsírt. Fedjük le és főzzük alacsony lángon 1 és fél órán keresztül. Szűrjük le, hűtsük le és lefölözzük. Fagyassza le kis mennyiségben vagy tartsa hűtőszekrényben, és 2 napon belül használja fel.

Sertés- és babcsíraleves

4 fő részére

450 g / 1 font sertéshús, kockára vágva

1,5 l / 2½ pt / 6 csésze csirkehúsleves

5 szelet gyömbér gyökér

350 g / 12 uncia babcsíra

15 ml / 1 evőkanál só

A sertéshúst forrásban lévő vízben 10 percig blansírozzuk, majd leszűrjük. Forraljuk fel a húslevest, és adjuk hozzá a sertéshúst és a gyömbért. Fedjük le, és lassú tűzön főzzük 50 percig. Adjuk hozzá a babcsírát és a sót, és pároljuk 20 percig.

Abalone és gombaleves

4 fő részére

60 ml / 4 evőkanál mogyoróolaj

100 g / 4 uncia sovány sertéshús, csíkokra vágva

225g / 8oz konzerv abalone, csíkokra vágva

100 g / 4 uncia gomba, szeletelve

2 zellerszár, szeletelve

50g / 2oz sonka, csíkokra vágva

2 apróra vágott hagyma

1,5 l / 2½ pt / 6 csésze víz

30 ml / 2 evőkanál borecet

45 ml / 3 evőkanál szójaszósz

2 szelet gyömbérgyökér, apróra vágva

sót és frissen őrölt borsot

15 ml / 1 evőkanál kukoricaliszt (kukoricakeményítő)

45 ml / 3 evőkanál víz

Az olajat felforrósítjuk, és 8 percig pirítjuk a sertéshúst, az abalone-t, a gombát, a zellert, a sonkát és a hagymát. Adjuk hozzá a vizet és a borecetet, forraljuk fel, fedjük le, és pároljuk 20 percig. Adjuk hozzá a szójaszószt, gyömbért, sót és borsot. A kukoricadarát a vízzel pépesre keverjük, a levesbe keverjük, és kevergetve 5 percig pároljuk, amíg a leves kitisztul és besűrűsödik.

Csirke és spárga leves

4 fő részére

100 g / 4 uncia csirke, felaprítva

2 tojásfehérje

2,5 ml / ½ teáskanál só

30 ml / 2 evőkanál kukoricaliszt (kukoricakeményítő)

225g / 8oz spárga, 5 cm-es / 2 darabra vágva

100 g / 4 uncia babcsíra

1,5 l / 2½ pt / 6 csésze csirkehúsleves

100 g / 4 uncia gomba

A csirkét összekeverjük a tojásfehérjével, a sóval és a kukoricakeményítővel, majd 30 percig pihentetjük. A csirkemellet forrásban lévő vízben 10 percig főzzük, majd jól leszűrjük. A spárgát forrásban lévő vízben 2 percig blansírozzuk, majd leszűrjük. A babcsírát forrásban lévő vízben 3 percig blansírozzuk, majd leszűrjük. Öntsük a húslevest egy nagy serpenyőbe, és adjuk hozzá a csirkét, a spárgát, a gombát és a babcsírát. Felforraljuk, és ízlés szerint sózzuk. Pár percig pároljuk, hogy az ízek kifejlődjenek, és amíg a zöldségek megpuhulnak, de még ropogósak.

Marhahús leves

4 fő részére

225 g darált marhahús (darált)

15 ml / 1 evőkanál szójaszósz

15 ml / 1 evőkanál rizsbor vagy száraz sherry

15 ml / 1 evőkanál kukoricaliszt (kukoricakeményítő)

1,2 l / 2 pont / 5 csésze csirkehúsleves

5 ml / 1 teáskanál chili szósz

só, bors

2 felvert tojás

6 újhagyma (hagyma), apróra vágva

Keverje össze a húst szójaszósszal, borral vagy sherryvel és kukoricakeményítővel. Adjuk hozzá a húsleveshez, és keverés közben fokozatosan forraljuk fel. Hozzáadjuk a chiliszószt, ízlés szerint sózzuk, borsozzuk, lefedve pároljuk körülbelül 10 percig, időnként megkeverve. Hozzáadjuk a tojást, és metélőhagymával megszórva tálaljuk.

Kínai marha- és levélleves

4 fő részére

200 g / 7 uncia sovány marhahús, csíkokra vágva

15 ml / 1 evőkanál szójaszósz

15 ml / 1 evőkanál mogyoróolaj

1,5 l / 2½ pt / 6 csésze marhahúsleves

5 ml / 1 teáskanál só

2,5 ml / ½ teáskanál cukor

½ fej kínai levél, darabokra vágva

A húst összekeverjük a szójaszósszal és az olajjal, majd 30 percig pácoljuk, alkalmanként megkeverve. A húslevest a sóval és a cukorral felforraljuk, hozzáadjuk a kínai leveleket, és körülbelül 10 percig pároljuk, amíg majdnem fel nem fő. Hozzáadjuk a húst, és további 5 percig pároljuk.

Káposztaleves

4 fő részére

60 ml / 4 evőkanál mogyoróolaj

2 apróra vágott hagyma

100 g / 4 uncia sovány sertéshús, csíkokra vágva

225g / 8oz bok choy, aprítva

10 ml / 2 teáskanál cukor

1,2 l / 2 pont / 5 csésze csirkehúsleves

45 ml / 3 evőkanál szójaszósz

só, bors

15 ml / 1 evőkanál kukoricaliszt (kukoricakeményítő)

Az olajat felhevítjük, és a hagymát és a sertéshúst enyhén aranybarnára sütjük. Adjuk hozzá a káposztát és a cukrot, és pirítsuk 5 percig. Adjuk hozzá a húslevest és a szójaszószt, és ízlés szerint sózzuk, borsozzuk. Forraljuk fel, fedjük le, és lassú tűzön főzzük 20 percig. A kukoricadarát kevés vízzel elkeverjük, a levesbe keverjük, és kevergetve addig pároljuk, amíg a leves besűrűsödik, kitisztul.

Fűszeres marhahúsleves

4 fő részére

45 ml / 3 evőkanál mogyoróolaj (földimogyoró)

1 gerezd zúzott fokhagyma

5 ml / 1 teáskanál só

225 g darált marhahús (darált)

6 újhagyma (hagyma), csíkokra vágva

1 piros kaliforniai paprika csíkokra vágva

1 zöld kaliforniai paprika csíkokra vágva

225 g / 8 uncia káposzta, aprítva

1 l / 1¾ pt / 4¼ csésze marhahúsleves

30 ml / 2 evőkanál szilvaszósz

30 ml / 2 evőkanál hoisin szósz

45 ml / 3 evőkanál szójaszósz

2 db szár gyömbér apróra vágva

2 tojás

5 ml / 1 teáskanál szezámolaj

8 oz / 225 g átlátszó tészta, áztatva

Az olajat felforrósítjuk és a fokhagymát és a sót enyhén aranybarnára pirítjuk. Hozzáadjuk a húst és gyorsan megpirítjuk.

Hozzáadjuk a zöldségeket, és átlátszóvá sütjük. Adjunk hozzá húslevest, szilvaszószt, hoisin szószt, 30 ml / 2

evőkanál szójaszószt és gyömbért, forraljuk fel, és lassú tűzön főzzük 10 percig. A tojásokat felverjük a szezámolajjal és a többi szójaszósszal. Hozzáadjuk a tésztával együtt a leveshez, és kevergetve addig főzzük, amíg a tojás szálakká nem válik, a tészta pedig megpuhul.

mennyei leves

4 fő részére

2 mogyoróhagyma (mogyoróhagyma), apróra vágva

1 gerezd zúzott fokhagyma

30 ml / 2 evőkanál apróra vágott friss petrezselyem

5 ml / 1 teáskanál só

15 ml / 1 evőkanál mogyoróolaj

30 ml / 2 evőkanál szójaszósz

1,5 l / 2½ pt / 6 csésze víz

Keverje össze a metélőhagymát, a fokhagymát, a petrezselymet, a sót, az olajat és a szójaszószt. Forraljuk fel a vizet, öntsük rá a metélőhagymás keveréket, és hagyjuk állni 3 percig.

Csirke és bambuszrügy leves

4 fő részére

2 csirkecomb

30 ml / 2 evőkanál mogyoróolaj

5 ml / 1 teáskanál rizsbor vagy száraz sherry

1,5 l / 2½ pt / 6 csésze csirkehúsleves

3 metélőhagyma, szeletelve

100 g bambuszrügy, kockákra vágva

5 ml / 1 tk darált gyömbér gyökér

só

A csirkét kicsontozzuk, a húst kockákra vágjuk. Felforrósítjuk az olajat, és a csirkemellet minden oldaláról megpirítjuk. Adjuk hozzá a húslevest, az újhagymát, a bambuszrügyet és a gyömbért, forraljuk fel, és pároljuk körülbelül 20 percig, amíg a csirke megpuhul. Tálalás előtt ízlés szerint sózzuk.

Csirke és kukorica leves

4 fő részére

1 l / 1¾ pt / 4¼ csésze csirkehúsleves
100 g / 4 uncia csirke, apróra vágva
200g tejszínes csemegekukorica
szelet apróra vágott sonkát
felvert tojás
15 ml / 1 evőkanál rizsbor vagy száraz sherry

Forraljuk fel a húslevest és a csirkét, fedjük le, és pároljuk 15 percig. Adjuk hozzá a csemegekukoricát és a sonkát, fedjük le, és pároljuk 5 percig. Hozzáadjuk a tojást és a sherryt, fogpiszkálóval lassan kevergetve, hogy a tojások szálakat képezzenek. Vegyük le a tűzről, fedjük le, és tálalás előtt hagyjuk állni 3 percig.

Csirke gyömbérleves

4 fő részére

4 szárított kínai gomba

1,5 l / 2½ pt / 6 csésze víz vagy csirkehúsleves

8 uncia / 225 g csirkehús, kockára vágva

10 szelet gyömbér gyökér

5 ml / 1 teáskanál rizsbor vagy száraz sherry

só

A gombát 30 percre langyos vízbe áztatjuk, majd leszűrjük. Dobja el a szárakat. Forraljuk fel a vizet vagy a húslevest a többi hozzávalóval, és pároljuk körülbelül 20 percig, amíg a csirke meg nem fő.

Kínai gombás csirkehúsleves

4 fő részére

25 g / 1 uncia szárított kínai gomba

100 g / 4 uncia csirke, felaprítva

50 g / 2 uncia bambuszrügy, zúzott

30 ml / 2 evőkanál szójaszósz

30 ml / 2 evőkanál rizsbor vagy száraz sherry

1,2 l / 2 pont / 5 csésze csirkehúsleves

A gombát 30 percre langyos vízbe áztatjuk, majd leszűrjük. Dobja el a szárakat, és vágja le a tetejét. A gombát, a csirkét és a bambuszrügyet forrásban lévő vízben 30 másodpercig blansírozzuk, majd leszűrjük. Tedd őket egy tálba, és add hozzá a szójaszószt és a bort vagy a sherryt. Hagyjuk 1 órát macerálni. Forraljuk fel a húslevest, adjuk hozzá a csirkemeveréket és a pácot. Jól keverjük össze, és pároljuk pár percig, amíg a csirke megpuhul.

Csirkeleves és rizs

4 fő részére

1 l / 1¾ pt / 4¼ csésze csirkehúsleves
225 g / 8 uncia / 1 csésze főtt hosszú szemű rizs
4 uncia / 100 g főtt csirke, csíkokra vágva
1 hagyma, karikákra vágva
5 ml / 1 teáskanál szójaszósz

Az összes hozzávalót óvatosan melegítse fel forróra anélkül, hogy a levest felforrná.

Csirke- és kókuszleves

4 fő részére

350 g / 12 uncia csirkemell

só

10 ml / 2 teáskanál kukoricaliszt (kukoricakeményítő)

30 ml / 2 evőkanál mogyoróolaj

1 zöld chili, apróra vágva

1 l / 1¾ pt / 4¼ csésze kókusztej

5 ml / 1 tk reszelt citromhéj

12 licsi

csipet reszelt szerecsendió

sót és frissen őrölt borsot

2 citromfű levél

A csirkemellet a szemeken átlósan csíkokra vágjuk. Megszórjuk sóval és bekenjük kukoricadarával. Melegítsünk fel 10 ml / 2 teáskanál olajat egy wokban, fordítsuk meg és öntsük fel. Ismételje meg még egyszer. A maradék olajat felforrósítjuk, és 1 percig pirítjuk a csirkét és a chilit. Adjuk hozzá a kókusztejet és forraljuk fel. Adjuk hozzá a citrom héját, és pároljuk 5 percig. Adjuk hozzá a licsit, ízesítsük szerecsendióval, sózzuk, borsozzuk, és citromfűvel díszítve tálaljuk.

Kagylóleves

4 fő részére

2 szárított kínai gomba

12 kagyló, beáztatva és súrolva

1,5 l / 2½ pt / 6 csésze csirkehúsleves

50 g / 2 uncia bambuszrügy, zúzott

50g / 2oz hóborsó (borsó), félbe vágva

2 újhagyma (mogyoróhagyma), karikákra vágva

15 ml / 1 evőkanál rizsbor vagy száraz sherry

csipetnyi frissen őrölt bors

A gombát 30 percre langyos vízbe áztatjuk, majd leszűrjük. Dobja el a szárakat, és vágja félbe a tetejét. Pároljuk a kagylókat körülbelül 5 percig, amíg fel nem hasadnak; dobja el azokat, amelyek zárva maradnak. Távolítsa el a kagylókat a héjukból. A húslevest felforraljuk, hozzáadjuk a gombát, a bambuszrügyet, a hóborsót és az újhagymát. Pároljuk fedő nélkül 2 percig. Adjunk hozzá kagylót, bort vagy sherryt, borsozzuk és pároljuk, amíg át nem melegszik.

Tojásleves

4 fő részére

*1,2 l / 2 pont / 5 csésze csirkehúsleves
3 felvert tojás
45 ml / 3 evőkanál szójaszósz
sót és frissen őrölt borsot
4 újhagyma (hagyma), szeletelve*

Forraljuk fel a húslevest. Fokozatosan adjuk hozzá a felvert tojásokat, hogy szálká váljanak. Adjuk hozzá a szójaszószt, és ízlés szerint sózzuk, borsozzuk. Metélőhagymával díszítve tálaljuk.

Rák- és kagylóleves

4 fő részére

4 szárított kínai gomba

15 ml / 1 evőkanál mogyoróolaj

1 felvert tojás

1,5 l / 2½ pt / 6 csésze csirkehúsleves

175 g rákhús, pelyhesítve

100 g / 4 uncia hámozott kagyló, szeletelve

100 g / 4 uncia bambuszrügy, szeletelve

2 mogyoróhagyma (mogyoróhagyma), apróra vágva

1 szelet gyömbérgyökér, apróra vágva

néhány főtt és hámozott garnélarák (elhagyható)

45 ml / 3 evőkanál kukoricaliszt (kukoricakeményítő)

90 ml / 6 evőkanál víz

30 ml / 2 evőkanál rizsbor vagy száraz sherry

20 ml / 4 teáskanál szójaszósz

2 tojásfehérje

A gombát 30 percre langyos vízbe áztatjuk, majd leszűrjük. Távolítsa el a szárakat, és vágja vékony szeletekre a tetejét. Felforrósítjuk az olajat, hozzáadjuk a tojást, és megdöntjük a serpenyőt úgy, hogy a tojás ellepje az alját. addig főzzük állítsd meg, majd fordítsd meg és süsd meg a másik oldalát is. Kivesszük a formából, feltekerjük és vékony csíkokra vágjuk.

Forraljuk fel a húslevest, adjunk hozzá gombát, tojáscsíkokat, rákhúst, tengeri herkentyűket, bambuszrügyeket, mogyoróhagymát, gyömbért és garnélarákot, ha használunk. Forraljuk újra. Keverje össze a kukoricalisztet 60 ml / 4 evőkanál vízzel, a borral vagy sherryvel és a szójaszósszal és adjuk a leveshez. Lassú tűzön, kevergetve addig főzzük, amíg a leves besűrűsödik. A fehérjét felverjük a maradék vízzel, és erőteljesen kevergetve lassan a levesbe öntjük.

rákleves

4 fő részére

90 ml / 6 evőkanál mogyoróolaj
3 apróra vágott hagyma
225 g / 8 uncia barna és fehér rákhús
1 szelet gyömbérgyökér, apróra vágva
1,2 l / 2 pont / 5 csésze csirkehúsleves
150 ml / ¼ pt / csésze rizsbor vagy száraz sherry
45 ml / 3 evőkanál szójaszósz
sót és frissen őrölt borsot

Az olajat felforrósítjuk és a hagymát puhára, de nem barnára pirítjuk. Adjuk hozzá a rákhúst és a gyömbért, és pirítsuk 5 percig. Adjuk hozzá a húslevest, a bort vagy a sherryt és a szójaszószt, sózzuk, borsozzuk. Forraljuk fel, majd forraljuk 5 percig.

Halászlé

4 fő részére

8 oz / 225 g halfilé

1 szelet gyömbérgyökér, apróra vágva

15 ml / 1 evőkanál rizsbor vagy száraz sherry

30 ml / 2 evőkanál mogyoróolaj

1,5 l / 2½ pt / 6 csésze halleves

Vágja a halat vékony csíkokra a szemhez képest. Keverjük össze a gyömbért, a bort vagy a sherryt és az olajat, adjuk hozzá a halat és óvatosan keverjük össze. Hagyjuk 30 percig macerálni, időnként megforgatva. Forraljuk fel a húslevest, adjuk hozzá a halat és pároljuk 3 percig.

Hal- és salátaleves

4 fő részére

225 g / 8 oz fehér halfilé

30 ml / 2 evőkanál sima liszt (minden célra)

sót és frissen őrölt borsot

90 ml / 6 evőkanál mogyoróolaj

6 újhagyma (hagyma), szeletelve

100 g / 4 uncia saláta, aprítva

1,2 l / 2 pont / 5 csésze víz

10 ml / 2 teáskanál finomra vágott gyömbérgyökér

150 ml / ¼ pt / bőséges ½ csésze rizsbor vagy száraz sherry

30 ml / 2 evőkanál kukoricaliszt (kukoricakeményítő)

30 ml / 2 evőkanál apróra vágott friss petrezselyem

10 ml / 2 teáskanál citromlé

30 ml / 2 evőkanál szójaszósz

A halat vékony csíkokra vágjuk, majd hozzáadjuk a fűszerezett lisztet. Az olajat felforrósítjuk és az újhagymát puhára pirítjuk. Hozzáadjuk a salátát és 2 percig pirítjuk. Adjuk hozzá a halat és főzzük 4 percig. Adjuk hozzá a vizet, a gyömbért és a bort vagy sherryt, forraljuk fel, fedjük le és pároljuk 5 percig. A kukoricadarát kevés vízzel elkeverjük, majd a leveshez adjuk.

Pároljuk keverés közben további 4 percig, amíg a leves el nem készül

öblítsük le, majd ízesítsük sóval és borssal. Petrezselyemmel, citromlével és szójaszósszal megszórva tálaljuk.

Gyömbérleves galuskával

4 fő részére

5 cm reszelt gyömbér gyökér

350 g / 12 uncia barna cukor

1,5 l / 2½ pt / 7 csésze víz

225 g / 8 uncia / 2 csésze rizsliszt

2,5 ml / ½ teáskanál só

60 ml / 4 evőkanál víz

Tegye a gyömbért, a cukrot és a vizet egy serpenyőbe, és keverés közben forralja fel. Fedjük le és pároljuk körülbelül 20 percig. A levest leszűrjük és visszatesszük a serpenyőbe.

Közben a lisztet és a sót egy tálba tesszük, majd fokozatosan összegyúrjuk annyi vízzel, hogy sűrű tésztát kapjunk. Forgasd kis golyókat, és tedd a húsgombócokat a levesbe. Forraljuk fel a levest, fedjük le és pároljuk további 6 percig, amíg a gombóc meg nem fő.

forró és savanyú leves

4 fő részére

8 szárított kínai gomba

1 l / 1¾ pt / 4¼ csésze csirkehúsleves

100 g csirke csíkokra vágva

100 g bambuszrügy, csíkokra vágva

100 g / 4 uncia tofu, csíkokra vágva

15 ml / 1 evőkanál szójaszósz

30 ml / 2 evőkanál borecet

30 ml / 2 evőkanál kukoricaliszt (kukoricakeményítő)

2 felvert tojás

néhány csepp szezámolaj

A gombát 30 percre langyos vízbe áztatjuk, majd leszűrjük. Dobja el a szárakat, és vágja csíkokra a tetejét. Forraljuk fel a gombát, a húslevest, a csirkét, a bambuszrügyet és a tofut, fedjük le, és pároljuk 10 percig. A szójaszószt, a borecetet és a kukoricadarát sima masszává keverjük, a levesbe keverjük, és 2 percig pároljuk, amíg a leves átlátszó nem lesz. Lassan hozzáadjuk a tojást és a szezámolajat, fogpiszkálóval kevergetve. Tálalás előtt letakarjuk és 2 percig pihentetjük.

Gomba leves

4 fő részére

15 szárított kínai gomba

1,5 l / 2½ pt / 6 csésze csirkehúsleves

5 ml / 1 teáskanál só

Áztassa a gombát meleg vízben 30 percre, majd csepegtesse le, és a folyadékot tartalékolja. Dobja el a szárakat, és vágja ketté a tetejét, ha nagy, és helyezze egy nagy hőálló tálba. Helyezze a tálat egy rácsra egy gőzölőben. A húslevest felforraljuk, ráöntjük a gombára, lefedjük, és forrásban lévő víz felett 1 órán át pároljuk. Ízlés szerint sózzuk, és tálaljuk.

Gomba- és káposztaleves

4 fő részére

25 g / 1 uncia szárított kínai gomba

15 ml / 1 evőkanál mogyoróolaj

50 g kínai levél, reszelve

15 ml / 1 evőkanál rizsbor vagy száraz sherry

15 ml / 1 evőkanál szójaszósz

1,2 l / 2 pont / 5 csésze csirke- vagy zöldségleves

sót és frissen őrölt borsot

5 ml / 1 teáskanál szezámolaj

A gombát 30 percre langyos vízbe áztatjuk, majd leszűrjük. Dobja el a szárakat, és vágja le a tetejét. Az olajat felforrósítjuk, és a gombát és a kínai leveleket 2 percig sütjük, amíg jól el nem fedi. Adjuk hozzá a bort vagy a sherryt és a szójaszószt, majd adjuk hozzá a húslevest. Felforraljuk, ízlés szerint sózzuk, borsozzuk, és 5 percig pároljuk. Tálalás előtt meglocsoljuk szezámolajjal.

Tojásleves gombával

4 fő részére

1 l / 1¾ pt / 4¼ csésze csirkehúsleves
30 ml / 2 evőkanál kukoricaliszt (kukoricakeményítő)
100 g / 4 uncia gomba, szeletelve
1 szelet vöröshagyma apróra vágva
csipet só
3 csepp szezámolaj
2,5 ml / ½ teáskanál szójaszósz
1 felvert tojás

Keverjünk össze egy kevés húslevest a kukoricakeményítővel, majd keverjük össze az összes hozzávalót, kivéve a tojást. Forraljuk fel, fedjük le, és lassú tűzön főzzük 5 percig. Adjuk hozzá a tojást, fogpiszkálóval keverjük úgy, hogy a tojás szálakat formáljon. Tálalás előtt levesszük a tűzről, és 2 percig pihentetjük.

Gombás és vizes gesztenyeleves

4 fő részére

1 l / 1¾ pt / 4¼ csésze zöldségleves vagy víz

2 apróra vágott hagyma

5 ml / 1 teáskanál rizsbor vagy száraz sherry

30 ml / 2 evőkanál szójaszósz

225 g / 8 uncia gomba

100 g / 4 oz vízgesztenye, szeletelve

100 g / 4 uncia bambuszrügy, szeletelve

néhány csepp szezámolaj

2 salátalevél, kockákra vágva

2 újhagyma (hagyma), kockákra vágva

Forraljuk fel a vizet, a hagymát, a bort vagy a sherryt és a szójaszószt, fedjük le, és pároljuk 10 percig. Adjuk hozzá a gombát, a vízgesztenyét és a bambuszrügyet, fedjük le, és pároljuk 5 percig. Adjunk hozzá szezámolajat, salátaleveleket és újhagymát, vegyük le a tűzről, fedjük le, és tálalás előtt hagyjuk állni 1 percig.

Sertés- és gombaleves

4 fő részére

60 ml / 4 evőkanál mogyoróolaj

1 gerezd zúzott fokhagyma

2 apróra vágott hagyma

225 g / 8 uncia sovány sertéshús, csíkokra vágva

1 szár zeller apróra vágva

50 g / 2 uncia gomba, szeletelve

2 szeletelt sárgarépa

1,2 l / 2 pont / 5 csésze marhahúsleves

15 ml / 1 evőkanál szójaszósz

sót és frissen őrölt borsot

15 ml / 1 evőkanál kukoricaliszt (kukoricakeményítő)

Az olajat felforrósítjuk és a fokhagymát, a hagymát és a sertéshúst addig pirítjuk, amíg a hagyma megpuhul és enyhén megpirul. Adjuk hozzá a zellert, a gombát és a sárgarépát, fedjük le, és pároljuk 10 percig. A húslevest felforraljuk, majd a szójaszósszal a serpenyőbe öntjük, és ízlés szerint sózzuk, borsozzuk. Keverjük el a kukoricadarát kevés vízzel, majd keverjük bele a serpenyőbe, és lassú tűzön, kevergetve főzzük körülbelül 5 percig.

Sertés és vízitorma leves

4 fő részére

1,5 l / 2½ pt / 6 csésze csirkehúsleves

100 g / 4 uncia sovány sertéshús, csíkokra vágva

3 zellerszár, átlósan vágva

2 mogyoróhagyma (hagyma), szeletelve

1 csokor vízitorma

5 ml / 1 teáskanál só

Forraljuk fel a húslevest, adjuk hozzá a sertéshúst és a zellert, fedjük le és pároljuk 15 percig. Adjuk hozzá a metélőhagymát, a vízitormát és a sót, majd fedő nélkül pároljuk körülbelül 4 percig.

sertés- és uborkaleves

4 fő részére

100 g / 4 uncia sovány sertéshús, vékonyra szeletelve

5 ml / 1 teáskanál kukoricaliszt (kukoricakeményítő)

15 ml / 1 evőkanál szójaszósz

15 ml / 1 evőkanál rizsbor vagy száraz sherry

1 uborka

1,5 l / 2½ pt / 6 csésze csirkehúsleves

5 ml / 1 teáskanál só

Keverje össze a sertéshúst, a kukoricalisztet, a szójaszószt és a bort vagy a sherryt. Dobjuk fel a sertéshús bevonására. Az uborkát meghámozzuk és hosszában félbevágjuk, majd kikanalazzuk a magokat. Vágjuk vastag szeletekre. Forraljuk fel a húslevest, adjuk hozzá a sertéshúst, fedjük le, és pároljuk 10 percig. Adjuk hozzá az uborkát, és pároljuk pár percig, amíg áttetsző lesz. Adjunk hozzá sót, és adjunk hozzá még egy kis szójaszószt, ha szükséges.

Leves sertésgolyóval és tésztával

4 fő részére

50 g / 2 uncia rizstészta

225 g darált sertéshús (darált)

5 ml / 1 teáskanál kukoricaliszt (kukoricakeményítő)

2,5 ml / ½ teáskanál só

30 ml / 2 evőkanál víz

1,5 l / 2½ pt / 6 csésze csirkehúsleves

1 újhagyma (hagyma), apróra vágva

5 ml / 1 teáskanál szójaszósz

A tésztát hideg vízbe tesszük ázni, amíg elkészítjük a húsgombócokat. A sertéshúst, a kukoricakeményítőt, egy kis sót és a vizet összekeverjük, és diónyi golyókat formálunk belőle. Forraljunk fel egy fazék vizet, tegyük bele a sertésgolyókat, fedjük le, és pároljuk 5 percig. Jól lecsepegtetjük, és a tésztát lecsepegtetjük. A húslevest felforraljuk, hozzáadjuk a húsgombócokat és a tésztát, lefedve 5 percig pároljuk. Adjuk hozzá az újhagymát, a szójaszószt és a maradék sót, és pároljuk további 2 percig.

Spenót és tofu leves

4 fő részére

1,2 l / 2 pont / 5 csésze csirkehúsleves

200 g paradicsomkonzerv, lecsepegtetve és apróra vágva

225 g tofu, kockára vágva

225 g / 8 uncia apróra vágott spenót

30 ml / 2 evőkanál szójaszósz

5 ml / 1 teáskanál barna cukor

sót és frissen őrölt borsot

Forraljuk fel a húslevest, majd adjuk hozzá a paradicsomot, a tofut és a spenótot, és óvatosan keverjük össze. Forraljuk vissza, és forraljuk 5 percig. Adjuk hozzá a szójaszószt és a cukrot, és ízlés szerint sózzuk, borsozzuk. Tálalás előtt pároljuk 1 percig.

Csemegekukorica és rák leves

4 fő részére

1,2 l / 2 pont / 5 csésze csirkehúsleves
200 g / 7 uncia csemegekukorica
sót és frissen őrölt borsot
1 felvert tojás
200 g rákhús, pelyhesítve
3 medvehagyma apróra vágva

A húslevest felforraljuk, hozzáadjuk a sóval és borssal fűszerezett csemegekukoricát. Lassú tűzön 5 percig főzzük. Közvetlenül tálalás előtt villával beleütjük a tojásokat, és ráütjük a levesre. Rákhússal és apróra vágott medvehagymával megszórva tálaljuk.

szecsuáni leves

4 fő részére

4 szárított kínai gomba

1,5 l / 2½ pt / 6 csésze csirkehúsleves

75 ml / 5 evőkanál száraz fehérbor

15 ml / 1 evőkanál szójaszósz

2,5 ml / ½ teáskanál chili szósz

30 ml / 2 evőkanál kukoricaliszt (kukoricakeményítő)

60 ml / 4 evőkanál víz

100 g / 4 uncia sovány sertéshús, csíkokra vágva

50g főtt sonka, csíkokra vágva

1 piros kaliforniai paprika csíkokra vágva

50g / 2oz vízgesztenye, szeletelve

10 ml / 2 teáskanál borecet

5 ml / 1 teáskanál szezámolaj

1 felvert tojás

100 g / 4 uncia hámozott garnélarák

6 újhagyma (hagyma), apróra vágva

175 g / 6 uncia tofu, kockára vágva

A gombát 30 percre langyos vízbe áztatjuk, majd leszűrjük. Dobja el a szárakat, és vágja le a tetejét. Hozd a húslevest, a bort, a szóját

a salsát és a chiliszószt felforraljuk, lefedjük és 5 percig pároljuk. Keverjük össze a kukoricalisztet a víz felével, és keverjük a leveshez, addig keverjük, amíg a leves besűrűsödik. Adjuk hozzá a gombát, a sertéshúst, a sonkát, a borsot és a vizes gesztenyét, és pároljuk 5 percig. Adjuk hozzá a borecetet és a szezámolajat. A tojást felverjük a maradék vízzel, és erőteljesen kevergetve a levesbe csurgatjuk. Adjuk hozzá a garnélarákot, az újhagymát és a tofut, és pároljuk pár percig, hogy átmelegedjen.

tofu leves

4 fő részére

1,5 l / 2½ pt / 6 csésze csirkehúsleves
225 g tofu, kockára vágva
5 ml / 1 teáskanál só
5 ml / 1 teáskanál szójaszósz

Forraljuk fel a húslevest, és adjuk hozzá a tofut, a sót és a szójaszószt. Pár percig pároljuk, amíg a tofu forró lesz.

Tofu és halászlé

4 fő részére

225 g fehér halfilé, csíkokra vágva

150 ml / ¼ pt / bőséges ½ csésze rizsbor vagy száraz sherry

10 ml / 2 teáskanál finomra vágott gyömbérgyökér

45 ml / 3 evőkanál szójaszósz

2,5 ml / ½ teáskanál só

60 ml / 4 evőkanál mogyoróolaj

2 apróra vágott hagyma

100 g / 4 uncia gomba, szeletelve

1,2 l / 2 pont / 5 csésze csirkehúsleves

100 g / 4 uncia tofu, kockára vágva

sót és frissen őrölt borsot

Helyezze a halat egy tálba. A bort vagy a sherryt, a gyömbért, a szójaszószt és a sót összekeverjük, és a halra öntjük. Hagyjuk 30 percig macerálni. Az olajat felforrósítjuk és a hagymát 2 percig pirítjuk. Adjuk hozzá a gombát, és pirítsuk tovább, amíg a hagyma megpuhul, de nem barna. Adjuk hozzá a halat és a pácot, forraljuk fel, fedjük le, és pároljuk 5 percig. Adjuk hozzá a húslevest, forraljuk fel, fedjük le, és pároljuk 15 percig. Adjuk hozzá a tofut, és ízlés szerint sózzuk, borsozzuk. Lassú tűzön főzzük, amíg a tofu meg nem fő.

Paradicsomleves

4 fő részére

14 oz / 400 g paradicsomkonzerv, lecsepegtetve és apróra vágva

1,2 l / 2 pont / 5 csésze csirkehúsleves

1 szelet gyömbérgyökér, apróra vágva

15 ml / 1 evőkanál szójaszósz

15 ml / 1 evőkanál chili szósz

10 ml / 2 teáskanál cukor

Az összes hozzávalót egy serpenyőbe tesszük, és időnként megkeverve lassan felforraljuk. Tálalás előtt körülbelül 10 percig pároljuk.

Paradicsom-spenótleves

4 fő részére

1,2 l / 2 pont / 5 csésze csirkehúsleves
225 g konzerv kockára vágott paradicsom
225 g tofu, kockára vágva
225 g / 8 uncia spenót
30 ml / 2 evőkanál szójaszósz
sót és frissen őrölt borsot
2,5 ml / ½ teáskanál cukor
2,5 ml / ½ teáskanál rizsbor vagy száraz sherry

Forraljuk fel a húslevest, majd adjuk hozzá a paradicsomot, a tofut és a spenótot, és pároljuk 2 percig. Adjuk hozzá a többi hozzávalót, pároljuk 2 percig, majd jól keverjük össze és tálaljuk.

fehérrépa leves

4 fő részére

1 l / 1¾ pt / 4¼ csésze csirkehúsleves
1 nagy fehérrépa, vékonyra szeletelve
200 g / 7 uncia sovány sertéshús, vékonyra szeletelve
15 ml / 1 evőkanál szójaszósz
60 ml / 4 evőkanál brandy
sót és frissen őrölt borsot
4 medvehagyma, finomra vágva

Forraljuk fel a húslevest, adjuk hozzá a fehérrépát és a sertéshúst, fedjük le és pároljuk 20 percig, amíg a fehérrépa megpuhul és a hús megpuhul. Hozzáadjuk a szójaszószt, és ízlés szerint pálinkával ízesítjük. Forrón, medvehagymával megszórva tálalásig pároljuk.

Zöldségleves

4 fő részére

6 szárított kínai gomba
1 l / 1¾ pt / 4¼ csésze zöldségleves
50g bambuszrügy, csíkokra vágva
50g / 2oz vízgesztenye, szeletelve
8 hóborsó, szeletelve
5 ml / 1 teáskanál szójaszósz

A gombát 30 percre langyos vízbe áztatjuk, majd leszűrjük. Dobja el a szárakat, és vágja csíkokra a tetejét. Hozzáadjuk a leveshez a bambuszrügyekkel és a vízgesztenyével, majd felforraljuk, lefedve 10 percig pároljuk. Adjuk hozzá a hóborsót és a szójaszószt, fedjük le, és pároljuk 2 percig. Tálalás előtt 2 percig állni hagyjuk.

vegetáriánus leves

4 fő részére

¼ *fehér káposzta*

2 sárgarépa

3 szár zeller

2 újhagyma (hagyma)

30 ml / 2 evőkanál mogyoróolaj

1,5 l / 2½ pt / 6 csésze víz

15 ml / 1 evőkanál szójaszósz

15 ml / 1 evőkanál rizsbor vagy száraz sherry

5 ml / 1 teáskanál só

frissen őrölt bors

A zöldségeket csíkokra vágjuk. Az olajat felforrósítjuk, és 2 percig sütjük a zöldségeket, amíg el nem kezdenek puhulni. Adjuk hozzá a többi hozzávalót, forraljuk fel, fedjük le és pároljuk 15 percig.

zsázsaleves

4 fő részére

1 l / 1¾ pt / 4¼ csésze csirkehúsleves
1 apróra vágott hagyma
1 szár zeller apróra vágva
225 g vízitorma, apróra vágva
sót és frissen őrölt borsot

Forraljuk fel a húslevest, a hagymát és a zellert, fedjük le, és pároljuk 15 percig. Adjuk hozzá a vízitormát, fedjük le és pároljuk 5 percig. Sóval, borssal fűszerezzük.

Sült hal zöldségekkel

4 fő részére

4 szárított kínai gomba

4 egész hal megtisztítva és pikkelyesen

sütőolaj

30 ml / 2 evőkanál kukoricaliszt (kukoricakeményítő)

45 ml / 3 evőkanál mogyoróolaj (földimogyoró)

100 g bambuszrügy, csíkokra vágva

50g / 2oz vízgesztenye, csíkokra vágva

50g / 2oz bok choy, aprítva

2 szelet gyömbérgyökér, apróra vágva

30 ml / 2 evőkanál rizsbor vagy száraz sherry

30 ml / 2 evőkanál víz

15 ml / 1 evőkanál szójaszósz

5 ml / 1 teáskanál cukor

120 ml / 4 fl oz / ¬Ω csésze hallé

sót és frissen őrölt borsot

¬Ω salátafejek, aprítva

15 ml / 1 evőkanál apróra vágott lapos petrezselyem

A gombát 30 percre langyos vízbe áztatjuk, majd leszűrjük. Dobja el a szárakat, és vágja le a tetejét. A halat félbe szórjuk kukoricalisztet és rázzuk le a felesleget. Melegítsük fel az olajat, és süssük a halat körülbelül 12 percig, amíg meg nem fő. Konyhai papíron leszűrjük és melegen tartjuk.

Az olajat felforrósítjuk, és 3 percig pirítjuk a gombát, a bambuszrügyet, a vizes gesztenyét és a káposztát. Adjunk hozzá gyömbért, bort vagy sherryt, 15 ml / 1 evőkanál vizet, szójaszószt és cukrot, és főzzük 1 percig. Adjuk hozzá a húslevest, sózzuk, borsozzuk, forraljuk fel, fedjük le és pároljuk 3 percig. A kukoricadarát összekeverjük a maradék vízzel, belekeverjük a serpenyőbe, és lassú tűzön kevergetve addig főzzük, amíg a szósz besűrűsödik. A salátát tálaló tányérra rendezzük, és rátesszük a halat. Ráöntjük a zöldségekre és a szószra, és petrezselyemmel díszítve tálaljuk.

Sült egész hal

4'6-ra

1 nagy tengeri sügér vagy hasonló hal

45 ml / 3 evőkanál kukoricaliszt (kukoricakeményítő)

45 ml / 3 evőkanál mogyoróolaj (földimogyoró)

1 apróra vágott hagyma

2 gerezd zúzott fokhagyma

50g / 2oz sonka, csíkokra vágva

100 g / 4 uncia hámozott garnélarák

15 ml / 1 evőkanál szójaszósz

15 ml / 1 evőkanál rizsbor vagy száraz sherry

5 ml / 1 teáskanál cukor

5 ml / 1 teáskanál só

Kenjük be a halat kukoricadarával. Az olajat felforrósítjuk, és a hagymát és a fokhagymát enyhén aranybarnára pirítjuk. Hozzáadjuk a halat, és mindkét oldalát aranybarnára sütjük. Tegye át a halat egy alufóliára egy serpenyőben, és tegye a tetejére sonkát és garnélarákot. Adja hozzá a szójaszószt, a bort vagy a sherryt, a cukrot és a sót a serpenyőbe, és jól keverje össze. Ráöntjük a halra, a tetejére alufóliát zárunk, és előmelegített sütőben 150C/300F/gáz 2-es fokozaton 20 percig sütjük.

párolt szójahal

4 fő részére

1 nagy tengeri sügér vagy hasonló hal

só

50 g / 2 uncia / ¬Ω csésze sima liszt (minden célra)

60 ml / 4 evőkanál mogyoróolaj

3 szelet gyömbérgyökér, apróra vágva

3 mogyoróhagyma (mogyoróhagyma), apróra vágva

250 ml / 8 fl oz / 1 csésze víz

45 ml / 3 evőkanál szójaszósz

15 ml / 1 evőkanál rizsbor vagy száraz sherry

2,5 ml / ¬Ω teáskanál cukor

A halat megtisztítjuk és pikkelyezzük, és mindkét oldalát átlósan karcoljuk be. Megszórjuk sóval és 10 percig pihentetjük. Felforrósítjuk az olajat, és a halat mindkét oldalukon barnára sütjük, egyszer megforgatjuk, és sütés közben meglocsoljuk olajjal. Adjunk hozzá gyömbért, újhagymát, vizet, szójaszószt, bort vagy sherryt és cukrot, forraljuk fel, fedjük le, és pároljuk 20 percig, amíg a hal megpuhul. Melegen vagy hidegen tálaljuk.

Szójahal osztrigaszósszal

4 fő részére

1 nagy tengeri sügér vagy hasonló hal

só

60 ml / 4 evőkanál mogyoróolaj

3 mogyoróhagyma (mogyoróhagyma), apróra vágva

2 szelet gyömbérgyökér, apróra vágva

1 gerezd zúzott fokhagyma

45 ml / 3 evőkanál osztrigaszósz

30 ml / 2 evőkanál szójaszósz

5 ml / 1 teáskanál cukor

250 ml / 8 fl oz / 1 csésze halalaplé

A halat megtisztítjuk és méretezzük, és mindkét oldalon többször átlósan karcoljuk be. Megszórjuk sóval és 10 percig pihentetjük. Az olaj nagy részét felforrósítjuk, és a halat egyszer megforgatva mindkét oldalukon barnára sütjük. Közben egy külön serpenyőben felforrósítjuk a maradék olajat, és enyhén megpirítjuk benne a mogyoróhagymát, a gyömbért és a fokhagymát. Adjuk hozzá az osztrigaszószt, a szójaszószt és a cukrot, és pirítsuk 1 percig. Adjuk hozzá a levest és forraljuk fel.

Öntsük a keveréket a pirított halhoz, forraljuk fel, fedjük le és pároljuk kb

15 percig, amíg a hal megsül, és sütés közben egyszer-kétszer fordítsa meg.

gőz alatt

4 fő részére

1 nagy tengeri sügér vagy hasonló hal

2,25 l / 4 pont / 10 csésze víz

3 szelet gyömbérgyökér, apróra vágva

15 ml / 1 evőkanál só

15 ml / 1 evőkanál rizsbor vagy száraz sherry

30 ml / 2 evőkanál mogyoróolaj

Tisztítsa meg és pikkelyezze meg a halat, és mindkét oldalát többször átlósan vágja be. Forraljuk fel a vizet egy nagy serpenyőben, és adjuk hozzá a többi hozzávalót. Engedje le a halat a vízbe, fedje le jól, kapcsolja le a tüzet, és hagyja pihenni 30 percig, amíg a hal megpuhul.

Párolt hal gombával

4 fő részére

4 szárított kínai gomba

1 nagy ponty vagy hasonló hal

só

45 ml / 3 evőkanál mogyoróolaj (földimogyoró)

2 mogyoróhagyma (mogyoróhagyma), apróra vágva

1 szelet gyömbérgyökér, apróra vágva

3 gerezd fokhagyma, összetörve

100 g bambuszrügy, csíkokra vágva

250 ml / 8 fl oz / 1 csésze halalaplé

30 ml / 2 evőkanál szójaszósz

15 ml / 1 evőkanál rizsbor vagy száraz sherry

2,5 ml / ¬Ω teáskanál cukor

A gombát 30 percre langyos vízbe áztatjuk, majd leszűrjük. Dobja el a szárakat, és vágja le a tetejét. A halak mindkét oldalát néhányszor átlósan megszaggatjuk, megszórjuk sóval és 10 percig pihentetjük. Az olajat felforrósítjuk, és a halat mindkét oldalukon enyhén barnára sütjük. Adjuk hozzá az újhagymát, a gyömbért és a fokhagymát, és pirítsuk 2 percig. Adjuk hozzá a többi hozzávalót, forraljuk fel, fedjük le, és pároljuk 15 percig, amíg a hal megpuhul, egyszer-kétszer megforgatva és időnként megkeverve.

édes-savanyú hal

4 fő részére

1 nagy tengeri sügér vagy hasonló hal

1 felvert tojás

50 g kukoricaliszt (kukoricakeményítő)

olaj a sütéshez

A szószhoz:

15 ml / 1 evőkanál mogyoróolaj

1 zöld kaliforniai paprika csíkokra vágva

100 g / 4 uncia ananászdarabok szirupban konzervben

1 hagyma, karikákra vágva

100 g / 4 uncia / ¬Ω csésze barna cukor

60 ml / 4 evőkanál csirkehúsleves

60 ml / 4 evőkanál borecet

15 ml / 1 evőkanál paradicsompüré (tészta)

15 ml / 1 evőkanál kukoricaliszt (kukoricakeményítő)

15 ml / 1 evőkanál szójaszósz

3 mogyoróhagyma (mogyoróhagyma), apróra vágva

Tisztítsa meg a halat, és távolítsa el az uszonyokat és a fejet, ha úgy tetszik. Lekenjük felvert tojással, majd kukoricaliszttel. Az olajat felforrósítjuk, és a halat jól megsütjük. Jól leszűrjük és melegen tartjuk.

A szósz elkészítéséhez felforrósítjuk az olajat, és 4 percig pirítjuk benne a paprikát, a lecsöpögtetett ananászt és a hagymát. Adjunk hozzá 2 evőkanál / 30 ml ananászszirupot, cukrot, húslevest, borecetet, paradicsompürét, kukoricakeményítőt és szójaszószt, majd keverés közben forraljuk fel. Lassú tűzön kevergetve főzzük, amíg a szósz fel nem hígul és besűrűsödik. Halra öntjük és metélőhagymával megszórva tálaljuk.

Sertés töltött hal

4 fő részére

1 nagy ponty vagy hasonló hal

só

100 g darált sertéshús (őrölt)

1 újhagyma (hagyma), apróra vágva

4 szelet gyömbérgyökér, apróra vágva

15 ml / 1 evőkanál kukoricaliszt (kukoricakeményítő)

60 ml / 4 evőkanál szójaszósz

15 ml / 1 evőkanál rizsbor vagy száraz sherry

5 ml / 1 teáskanál cukor

75 ml / 5 evőkanál mogyoróolaj (földimogyoró)

2 gerezd zúzott fokhagyma

1 szeletelt hagyma

300 ml / ¬Ω pt / 1¬° csésze víz

A halat megtisztítjuk, pikkelyezzük és megszórjuk sóval. Keverje össze a sertéshúst, az újhagymát, egy kevés gyömbért, a kukoricakeményítőt, 15 ml / 1 evőkanál szójaszószt, bort vagy sherryt és a cukrot, és töltse meg a halat. Az olajat felforrósítjuk, és a halat mindkét oldalukon enyhén barnára sütjük, majd kivesszük a serpenyőből, és az olaj nagy részét lecsepegtetjük. Adjuk hozzá a maradék fokhagymát és a gyömbért, és pirítsuk enyhén barnára. Adjuk hozzá a maradék szójaszószt és vizet, forraljuk fel, és pároljuk 2 percig. Tegye vissza a halat a serpenyőbe, fedje le, és párolja körülbelül 30 percig, amíg a hal meg nem fő, egyszer-kétszer megfordítva.

párolt fűszeres ponty

4 fő részére

1 nagy ponty vagy hasonló hal

150 ml / ¬° pt / bőséges ¬Ω csésze mogyoróolaj

15 ml / 1 evőkanál cukor

2 gerezd fokhagyma apróra vágva

100 g / 4 uncia bambuszrügy, szeletelve

150 ml / ¬° pt / bőséges ¬Ω csésze halalaplé

15 ml / 1 evőkanál rizsbor vagy száraz sherry

15 ml / 1 evőkanál szójaszósz

2 mogyoróhagyma (mogyoróhagyma), apróra vágva

1 szelet gyömbérgyökér, apróra vágva

15 ml / 1 evőkanál borecet só

A halat megtisztítjuk, pikkelyezzük, és több órára hideg vízbe áztatjuk. Csöpögtessük le és szárítsuk meg, majd mindkét oldalát többször vágjuk be. Az olajat felforrósítjuk, és a halat mindkét oldalukon keményre sütjük. Vegye ki a serpenyőből, öntse bele, és 30 ml / 2 evőkanál olaj kivételével tartsa fenn az egészet. Adjuk hozzá a cukrot a serpenyőbe, és keverjük addig, amíg besötétül. Adjuk hozzá a fokhagymát és a bambuszrügyet, és jól keverjük össze. Adjuk hozzá a többi hozzávalót, forraljuk fel, majd tegyük vissza a halat a serpenyőbe, fedjük le és pároljuk körülbelül 15 percig, amíg a hal meg nem fő.

A halat egy felforrósított tányérra helyezzük, és a tetejére szűrjük a szószt.

csippentse össze a lezáráshoz. Felforrósítjuk az olajat, és körülbelül 5 perc alatt aranybarnára sütjük a tekercseket.

a serpenyőben. Levesszük a tűzről. Közben a kínai leveleket blansírozzuk forrásban lévő vízben 1 percig, majd

egyszerre néhányat körülbelül 5 percig, amíg aranybarna nem lesz. Tálalás előtt konyhai papíron leszűrjük.

vizet, keverjük a leveshez, és kevergetve pároljuk 5 percig, amíg a leves kitisztul és besűrűsödik.